OBJETS D'ART & D'AMEUBLEMENT

FAÏENCES - PORCELAINES

Sièges et Meubles - Glaces

Appartenant à Madame JANE HADING

(DEUXIÈME VENTE)

PARIS

LES 29 & 30 MARS 1920

CATALOGUE

DES

Objets d'Art et d'Ameublement

FAIENCES - PORCELAINES - OBJETS DE VITRINE

MINIATURES - IVOIRES

GRAVURES - AQUARELLES - DESSINS

ESTAMPES CHINOISES ET JAPONAISES

TABLEAUX

Verrerie - Argenterie - Bijoux

SIÈGES ET MEUBLES = GLACES

BRONZES - LUSTRES

Châles = Étoffes = Fourrures

APPARTENANT A MADAME JANE HADING

Et dont la deuxième Vente pour cause de départ aura lieu à Paris

HOTEL DROUOT, SALLE N° 6

LES LUNDI 29 ET MARDI 30 MARS 1920

A DEUX HEURES .

COMMISSAIRE-PRISEUR

M⁰ HENRI BAUDOIN, 10, rue de la Grange-Batelière

EXPOSITION PUBLIQUE

Le Dimanche 28 Mars 1920, de 2 heures à 6 heures

CONDITIONS DE LA VENTE

Elle aura lieu au comptant.

Les adjudicataires paieront *17,50 pour cent* en sus des enchères.

ORDRE DES VACATIONS

Le Lundi 29 Mars 1920

Du N° 1 au N° 159 et du N° 294 au N° 300.

Le Mardi 30 Mars 1920

Du N° 160 au N° 293.

Paris. — Imp. de l'Art, Ch. Berger, 41, rue de la Victoire.

DÉSIGNATION

GRAVURES, AQUARELLES
DESSINS

1 — Trois gravures anglaises en noir : Le Matin, la Nuit et le Midi.

2 — Gravure en couleurs : L'Amour courroucé.

3 — Deux gravures en noir et couleurs : La Jeune Hébé et Toilette de Psyché.

4 — Deux gravures en bistre, présentant Esope et Rhodope, d'après KAUFMAN.

5 — Série de trois gravures en couleurs, représentant le Matin, le Midi et la Nuit.

6 — Gravure sur bois : Paysans dans une étable.

7 — **École anglaise.** Chiens. Deux dessins rehaussés.

8 — **École anglaise.** Le Bûcheron. Aquarelle.

9 — **École hollandaise.** Le Dépeçage du lapin. Gouache.

10 — **École hollandaise.** Scène d'intérieur. Dessin au lavis de bistre.

11 — **École italienne.** La Lapidation. Dessin au lavis.

12 — **École française** (XVIIIᵉ siècle). Portrait de Dame de qualité habillée en bleu. Pastel.

13 — **École française.** Les Quatre Saisons. Dessin au lavis de bistre.

14 — **École française.** Femme accoudée. Dessin rehaussé de bistre.

15 — **École française** (XIXᵉ siècle). Portrait d'Homme de profil. Pastel.

16 — **École française.** Femme au bain. Fixé sur verre.

17 — **École française** (Commencement du XIXᵉ siècle). Portrait de Jeune Garçon et de Jeune Fillette. Pastel.

18 — **École française.** Sainte Geneviève. Dessin rehaussé.

19 — **École française** (XVIIIᵉ siècle). La Foi, l'Espérance et la Charité. Sanguine.

20 — **Allongé.** Bord de rivière avec ruines. Dessin au crayon noir.

21 — **Condamy.** Le Jeu de hockey. Série de six aquarelles.

22 — **Dupray.** Soldats de l'Empire. Trois aquarelles dans un même cadre.

23 — **Dupuis.** Illustration de la Princesse de Babylone. Dessin au lavis.

24 — **Greuze** (Attribué à). Tête de Jeune Fille. Dessin au crayon rehaussé.

25 — **Millet** (Attribué à J.-F.). Son portrait par lui-même.

26 — **Madeleine Lemaire.** Panier de roses. Aquarelle. Signée à droite.

27 — **Rossel.** Paysans dans la campagne au bord d'un cours d'eau. Gouache.

28 — **Soukens.** Le Concert. Dessin au crayon noir.

TABLEAUX

ÉCOLE MODERNE

29 — *Portrait de Vieillard avec collerette.*

ÉCOLE MODERNE

30 — *Bouquet de roses.*
Cadre en bois sculpté.

ÉCOLE MODERNE

31 — *Le Pêcheur.*

ÉCOLE MODERNE

32 — *Le Relai de chiens.*

ÉCOLE ANGLAISE

33 — *Chiens et gibier.*

ÉCOLE ESPAGNOLE (xviie siècle)

34 — *La Résurrection et Saints personnages entourant la Vierge.*

Deux pendants.

ÉCOLE HOLLANDAISE

35 — *Choc de cavalerie.*

ÉCOLE HOLLANDAISE (xviie siècle)

36 — *La Marchande.*

ÉCOLE ITALIENNE

37 — *Amours.*

Deux pendants.

ÉCOLE ITALIENNE

38 — *Femme et enfant.*

Cadre en bois sculpté et peint.

ÉCOLE ITALIENNE (xviie siècle)

39 — *Le Christ en croix.*

ÉCOLE ITALIENNE

40 — *Personnages.*

Peinture en grisaille.

ÉCOLE ITALIENNE

41 — *Rébecca à la fontaine.*

ÉCOLE FRANÇAISE

42 — *Amours dans les nuages.*
Cadre en bois sculpté.

ÉCOLE FRANÇAISE

43 — *Portrait de Ledru-Rollin.*

ÉCOLE FRANÇAISE

44 — *Jeune Seigneur auprès d'une femme assise.*
Cadre en bois sculpté.

ÉCOLE FRANÇAISE

45 — *Vase de fleurs et assiette de fruits.*

ÉCOLE FRANÇAISE

46 — *Femme apportant des fleurs à un faune.*

ÉCOLE FRANÇAISE

47 — *Buste de Jeune Homme, de profil.*

ÉCOLE FRANÇAISE

48 — *Femme auprès d'une statue, dans un parc.*

CLAUDE

49 — *Bouquet de fleurs des champs.*
Signé à gauche.

DELAVAL

5o — *Saint Jean-Baptiste.*

Signé à gauche.

ÉCOLE DES CLOUET

51 — *Portraits présumés du Prince Despincy et du Comte d'Egmont.*

Deux pendants.

MEYERHEIM

52 — *L'Heureuse famille.*

Peinture sur cuivre.

DETOUCHE (L.)

53 — *La Baignade.*

GRIMLUND

54 — *Le Port de Marseille.*

Signé à gauche.

GUDIN

55 — *Marine* et *Effet de nuit.*

Deux pendants.

LECOMTE

56 — *La Parade.*

LE BOURGUIGNON

57 — *Combats de cavalerie.*

Deux pendants.

LE BOURGUIGNON

58 — *Combat de cavaliers.*

MOLA

59 — *Portraits de deux Jeunes Enfants ; l'un tenant un tambourin, l'autre tenant sa toque.*

QUINTON

60 — *Bergerie.*

Signé à droite.

FAIENCES, PORCELAINES

BISCUITS

61 — Plat ovale en terre de pipe, décoré au fond d'une scène; marli avec raisins et feuillages. Epoque Empire.

62 — Trois assiettes en terre de pipe, présentant un paysage dans un médaillon au centre.

63 — Soupière avec couvercle en faïence, décorée à fleurs et lions héraldiques.

64 — Trois assiettes rondes en faïence de Lorraine, à décor de bouquets de fleurs.

65 — Plat en faïence décorée au fond des armes espagnoles.

66 — Fontaine avec couvercle en faïence, à décor de fleurs.

67 — Deux plats en faïence de Rouen, à décor de vases de fleurs en bleu.

68 — Porte-huilier en faïence de Rouen, à décor polychrome.

69 — Légumier avec couvercle en faïence, décor ocre. Genre Moustiers.

70 — Deux petits groupes de personnages, de style Louis XV, en terre blanche de Lorraine.

71 — Deux groupes de personnages en terre de Lorraine.

72 — Lampe en faïence blanche; elle est supportée par des amours jouant de la musique.

73 — Grand vase en grès flammé; il est monté en lampe disposée pour l'électricité et est accompagné d'un abat-jour en soie vieux rose.

74 — Deux vaches en porcelaine de Delft, à décor polychrome.

75 — Vache en faïence de Delft, à décor polychrome.

76 — Deux cornets, de formes variées, en faïence de Delft, à décor de fleurs et de personnages.

77 — Deux vases à panse renflée en faïence de Delft, décor polychrome.

78 — Vasque ronde en porcelaine de Chine, à décor de fleurs, d'oiseaux et de papillons, dans des réserves sur fond jaune.

79 — Vasque carrée en porcelaine de Chine, à décor de branchages fleuris en bleu, avec socle en bois peint.

80 — Potiche en porcelaine de Chine à fond jaune vert; elle est disposée en lampe.

81 — Vase-rouleau en porcelaine de Chine, à décor de personnages dans des réserves sur fond bleu.

82 — Pot à eau et cuvette en porcelaine de Chine, à décor de blasons et de fleurs.

83 — Deux perroquets sur des rochers en grès de la Chine.

84 — Coffret en porcelaine de Canton, à décor de personnages, de fleurs et de papillons.

85 — Plat rond et compotier en porcelaine de la Compagnie des Indes, à décor de fleurs et de rubans.

86 — Bouillon avec couvercle et plateau en porcelaine de la Compagnie des Indes, à décor de guirlandes et de bouquets de fleurs.

87 — Encrier avec couvercle sur plateau fixe ; il est formé d'un tonnelet. Porcelaine de Saxe.

88 — Quatorze assiettes, six tasses et six soucoupes en porcelaine de Saxe ; décor en bleu.

89 — Trois pots à fards en porcelaine de Saxe, décorée d'une initiale *M* sur fond bleu.

90 — Groupe en porcelaine de Saxe : La Déclaration.

91 — Deux statuettes de jardinier et jardinière en porcelaine de Saxe décorée.

92 — Statuette de poussah assis en porcelaine de Saxe.

93 — Deux statuettes de femme en porcelaine de Saxe décorée, représentant l'une l'Hiver et l'autre l'Automne.

94 — Vase brûle-parfums en porcelaine de Saxe, à décor de fleurs en relief.

95 — Deux assiettes octogonales en porcelaine de Saxe, à décor de chasseurs et de semis de fleurs.

96 — Deux assiettes en porcelaine de Saxe, à marli ajouré et décoré de fleurs et d'oiseaux.

97 — Quatre tasses et quatre soucoupes en porcelaine de Saxe, à décor de fleurs.

98 — Trois tasses et trois soucoupes en porcelaine, de formes variées, à décor de roses et de myosotis.

99 — Quatre coupes ajourées en porcelaine décorée de semis de fleurs et de bouquets dans des réserves ; elles sont accompagnées de quatre pieds en argent.

100 — Glace de forme contournée, dans un cadre en porcelaine de Saxe à décor de fleurs.

101 — Deux statuettes de chasseur et chasseresse en porcelaine anglaise.

102 — Service à café en porcelaine décorée de fleurs et de motifs différents, comprenant : une théière, un sucrier, six tasses et six soucoupes.

103 — Service à café en porcelaine, à décor de fleurs et de réserves à fond violet ; il comprend : une cafetière, un sucrier, un pot à lait, six tasses et six soucoupes.

104 — Trois tasses et trois soucoupes, de formes variées, en porcelaine décorée.

105 — Tasse avec soucoupe en porcelaine, décorée de comédiens dans des médaillons.

106 — Plateau de table en porcelaine, présentant Louis XVI et ses favorites.

107 — Service à dessert en porcelaine décorée dans le goût chinois, comprenant : trois compotiers, deux coupes ajourées et douze assiettes.

108 — Deux petits pots brûle-parfums avec couvercles, à décor de bouquets de fleurs dans des réserves sur fond rouge.

109 — Six assiettes à dessert en porcelaine de Sèvres; marlis décorés de feuillages.

110 — Flacon avec bouchon en porcelaine décorée de personnages chinois et de raisins.

111 — Flacon en porcelaine décorée d'or sur fond vert; marque de *Jacob Petit*.

112 — Deux petits vases à anses en porcelaine décorée de fleurs sur fond violet, vert et or.

113 — Deux vases à anses en porcelaine décorée de fleurs et d'or.

114 — Deux petits vases sur piédouches en porcelaine, à décor de personnages chinois sur fond jaune.

115 — Deux vases en porcelaine à anses-cariatides; ils sont décorés de scènes villageoises sur fond gros bleu.

116 — Deux vases à anses en porcelaine décorée à filets or.

117 — Deux vases à anses-cygne en porcelaine décorée, présentant des personnages et des paysages sur fond d'or.

118 — Deux vases en porcelaine décorée de paysages et de bergers sur fond d'or.

119 — Pot à fards, avec couvercle, en porcelaine, à décor d'amours conduisant des tritons, sur fond jaune.

120 — Coupe en porcelaine blanche accotée de deux
amours.

121 — Coupe ronde sur piédouche en porcelaine blanche,
à décor d'enfants représentant la Vendange.

122 — Dix petits médaillons en biscuit, présentant des
sujets de style Empire.

123 — Encrier en biscuit, présentant une femme couchée
auprès d'un buste d'homme casqué, auprès duquel un
amour est accoté.

124 — Groupe en biscuit, présentant une femme tenant
une corbeille de fruits à laquelle un enfant vient puiser.

MINIATURES, IVOIRES
OBJETS VARIÉS

125 — Statuette de femme en cire, présentant le Crépus-
cule. Signée : *Vernhes*. Sur un socle caillouté de tur-
quoises.

126 — Statuette du cardinal Richelieu, formant triptyque,
en ivoire sculpté.

127 — Statuette en ivoire sculpté : la Vierge tenant l'Enfant Jésus sur ses genoux. Style roman.

128 — Statuette de dame noble de l'époque du Moyen-
âge en ivoire sculpté et partiellement peint.

129 — Statuette en ivoire de femme enguirlandée de fleurs.
Base en marbre.

130 — Cinq miniatures dans un cadre représentant des
scènes à personnages et des roses.

131 — Trois miniatures : Portrait d'homme et de femmes.

132 — Trois tabatières en ivoire sculpté.

133 — Garniture de bureau en écaille, comprenant : sous-
main, classeur, coupe-papier et deux flambeaux.

134 — Deux pistolets avec incrustations. Travail oriental.

135 — Fusil de chasse à deux coups, avec crosse en bois
sculpté et gravé.

136 — Quatre plats ronds en émail cloisonné, à décor de fleurs et d'oiseaux sur fond bleu.

137 — Christ en bois sculpté, dans un cadre en bois doré. xviie siècle.

138 — Petit coffre-nécessaire en racine cloutée, contenant : poinçons, ciseaux, étui, dés, flacons.

BIJOUX, ARGENTERIE

139 — Cachet en cristal de roche, présentant un ours dansant.

140 — Cachet en cristal taillé : Louis XV enfant.

141 — Cachet anglais; monture en argent.

142 — Flacon à sels; monture en or et orné d'une pierre de lune.

143 — Deux flacons à sels, enrichis de roses; monture en or.

144 — Étui à fard en or, enrichi de roses et rubis.

145 — Manche d'ombrelle en cristal; monture en or et rubis.

146 — Manche d'ombrelle en cristal de roche, enrichi de petits saphirs.

147 — Croix bretonne en métal argenté, enrichi de pierreries.

148 — Châtelaine et médaillon en métal et acier.

149 — Deux pendants d'oreilles, enrichis de pierreries. xviiie siècle.

150 — Collier, monture en argent et or, enrichi de pierreries.

151 — Petite glace de poche ovale, dans un cadre en or.

152 — Étui à cigarettes en or et enrichi d'un petit saphir.

153 — Petite boîte à pastilles, ornée d'une ancienne pièce en or.

154 — Petite bonbonnière en cristal, enrichi de pierreries ; monture en or.

155 — Deux boucles d'oreilles, forme corne d'abondance, enrichies de pierreries.

156 — Deux petites boucles ovales, enrichies de cailloux du Rhin. xviiie siècle.

157 — Deux boucles de souliers, enrichies de strass. xviiie siècle.

158 — Bague en argent doré, enrichi de petits rubis. xviiie siècle.

159 — Médaillon ovale, orné d'une miniature : Femme faisant une offrande ; la monture est enrichie de pierreries.

160 — Six couteaux à dessert, avec manches en nacre et monture en argent.

161 — Petite jardinière, de forme contournée et ajourée, en argent.

162 — Grande terrine, avec couvercle, en terre; monture en argent.

163 — Soupière avec couvercle en terre; monture en argent.

164 — Deux soupières, avec couvercles, en terre, de deux grandeurs; monture en argent.

165 — Deux plats ovales en terre, de deux grandeurs; monture en argent.

166 — Six petits pots à œuf en terre; monture en argent.

167 — Petit service à bonbons de quatre pièces, en argent. Travail russe.

168 — Brûle-parfums en verre avec bouchon en argent doré.

169 — Petite salière double en argent avec compartiments en verre gravé.

170 — Salière double en argent.

171 — Miroir rond avec monture en argent.

172 — Petit face à main avec monture en argent, à décor d'éventails.

173 — Petit vase rond en argent repoussé, à décor de branchages.

174 — Étui à carnet en argent gravé. Style Louis XV.

175 — Petite cuiller en argent, présentant dans le fond le nom de Montréal.

176 — Petite cuiller à sucre en vermeil.

177 — Pince à sucre en argent.

178 — Tabatière rectangulaire en argent repoussé. Travail anglais.

179 — Petite bonbonnière en argent avec couvercle filigrane.

180 — Boîte ovale en argent avec couvercle ajouré décoré d'un blason.

181 — Flacon, avec couvercle, en argent repoussé, à décor de guirlandes de fleurs et de rinceaux.

182 — Petit vase sur trois pieds en argent gravé et repoussé.

183 — Boîte à ficelle en argent repoussé, à décor d'oiseaux et de rinceaux.

184 — Flacon à sels ; monture en argent repoussé.

185 — Petite tasse avec soucoupe en argent, à décor de guirlandes de fleurs.

186 — Sucrier en argent, formée d'un perroquet avec lapis sur la tête.

187 — Boîte à cigarettes en argent, présentant des personnages. Travail anglais.

188 — Boîte à cigarettes rectangulaire en argent, présentant une vue du vieux Paris (Exposition de 1900).

189 — Un service argenterie, composé de : trente-six fourchettes, dix-huit cuillers, vingt-quatre cuillers et vingt-quatre fourchettes à entremets, douze cuillers à café, douze fourchettes à huîtres, un couvert à salade, une louche, une cuiller à sucre, trente couteaux, douze couteaux à dessert, douze couteaux à fruits, un légumier, deux plats ronds et deux plats longs. Avec écrin. *Maison Bouin-Taburet.*

190 — Six gobelets à thé, un grand seau à glace, un petit seau à glace et un verre à thé en argent. Travail russe.

191 — Quatre petits cache-pots en argent, à bords festonnés et parties repoussées présentant des oiseaux et des fleurs.

192 — Quatre plateaux ronds en deux grandeurs en argent, à bords festonnés. *Maison Odiot.*

193 — Verre d'eau de six pièces en cristal; monture argent.

194 — Coupe ronde en argent; marli à décor de tortues. *Maison Tiffany.*

195 — Six dessous de gargoulette, de forme octogonale, avec bouchons, en argent.

196 — Deux légumiers carrés en argent.

197 — Deux légumiers ronds avec couvercles en argent, à bords contournés. Style Louis XV.

198 — Service à thé et à café de cinq pièces, composé de : un plateau, une théière, une cafetière, un sucrier et un pot à lait, en argent chiffré.

199 — Plateau carré en argent gravé, présentant deux personnages dans la campagne. *Maison Cardeilhac.*

200 — Boîte à gâteaux avec couvercle en vermeil.

201 — Statuette de la Camargo en argent.

202 — Peigne avec monture en argent ciselé. Travail espagnol.

203 — Plaque en argent repoussé, présentant un sujet de l'Histoire sainte.

VERRERIE

204 — Sucrier avec couvercle en cristal taillé.

205 — Corbeille en cristal taillé, à décor d'étoiles.

206 — Carafe de narghilé avec plateau en cristal.

207 — Deux vases en cristal taillé.

208 — Service à liqueurs en métal argenté, composé de douze verres et trois flacons.

209 — Service à liqueurs en verre décoré d'or, composé d'un plateau, un flacon et six petits verres.

210 — Service à liqueurs, composé d'un plateau avec fond de glace garni de bronze, deux flacons et six petits verres.

211 — Cave à liqueurs en cristal taillé, composé de douze verres et de quatre flacons, dans un écrin de palissandre guilloché d'or.

212 — Verre de mariage avec couvercle en cristal taillé, décoré de maisons et d'écriture.

213 — Deux verres en cristal taillé orné de bustes de personnages.

214 — Deux verres en cristal taillé décoré de feuillages en or.

215 — Deux verre hauts en cristal taillé, à décor de rinceaux et d'ogives.

216 — Deux verres sur pieds en cristal décoré de feuilles en or.

217 — Verre plat en cristal taillé, à décor d'oiseaux.

218 — Verre sur pied en cristal taillé, à décor de feuillages en or.

219 — Service à punch en verre de Bohême, fond bleu, composé d'un plateau, sept verres et bol à punch.

220 — Broc en verre de Bohême, décoré d'un cerf sur fond jaune.

221 — Dix-sept verres en cristal de Bohême fond jaune, à décor de feuilles et de raisins.

222 — Deux vases en verre de Bohême, à décor de cerf sur fond rouge.

223 — Deux vases en cristal taillé et bronze doré. Style Empire.

224 — Petite veilleuse en cristal taillé et bronze doré. Style Empire.

225 — Six petits verres à liqueurs sur pieds en argent.

BRONZES, LUSTRES

226 — Bouddha en bronze patiné de la Chine.

227 — Vase en onyx monté en bronze, à figures de caria-
tides.

228 — Petit miroir sur chevalet, dans un cadre en bronze
doré.

229 — Petite pendule en cuivre gravé et ajouré ; le mouvement est encastré dans des colonnades et présente
des personnages.

230 — Deux bouts-de-table, à deux lumières, en cuivre
jaune ; les bouquets de lumière sont tenus par des
lions.

231 — Jatte avec anse en cuivre gravé.

232 — Deux plateaux de balance en cuivre repoussé,
représentant des scènes à personnages.

233 — Statuette en bronze de RAMUS, représentant Puget.
Maison veuve Patou.

234 — Vase en étain, de AKERMAN.

235 — Aiguière et bassin en étain.

236 — Flambeau de bouillotte, à deux lumières, en
métal argenté.

237. — Lampe d'église en métal argenté, présentant des
figures d'anges.

238 — Statuette de Mozart en bronze peint.

239 — Statuette de Saint Preux en bronze argenté.

240 — Deux statuettes en bronze argenté : Danseuse et Joueur de musique. Signées : GUILLEMIN.

241 — Garniture de cheminée en albâtre et bronze doré; elle est composée d'une pendule à colonnes dans laquelle le mouvement est encastré et de deux vases à anses avec couvercle.

242 — Lustre, à sept lumières, en bronze doré et émaillé, disposé pour l'électricité. Style oriental. *Maison Barbedienne.*

243 — Pendule-borne en bronze doré; le cadran est entouré de roses. Socle en marbre. Style Empire.

244 — Deux lampes en bronze doré et partiellement émaillé. *Maison Barbedienne.*

245 — Deux chenets en cuivre ajouré. Style Renaissance.

246 — Plaque en cuivre repoussé, présentant saint Jacques le Majeur.

247 — Deux petits flambeaux en marbre et bronze patiné et doré; les lumières sont supportées par des personnages de style tartare.

248 — Statuette de Napoléon équestre, sur un socle en marbre et bronze doré.

249 — Deux appliques, à trois lumières, en bronze patiné; les bouquets de lumière sont supportés par des anges. Style Empire.

250 — Statuette de Robinson en bronze doré, sur un plateau de nacre. Style Empire.

251 — Miroir, porté par un singe, en bronze patiné et doré. Commencement du XIXᵉ siècle.

252 — Surtout de table, soutenu par quatre tigres, en bronze doré.

253 — Deux flambeaux-balustres en bronze. Epoque Directoire.

254 — Deux flambeaux en métal argenté et gravé, à raisins.

255 — Deux flambeaux-balustres en métal argenté. Style Louis XV.

256 — Deux flambeaux en métal argenté. Base en marbre blanc.

257 — Garniture de cheminée en bronze doré, de style Louis XV, comprenant une pendule et deux candélabres.

258 — Galerie de foyer en bronze doré. Commencement du XIXᵉ siècle.

259 — Deux petits bustes en bronze à patine brune : Homme et femme.

MEUBLES, GLACES

260 — Deux petits supports-appliques en bois sculpté et doré, à figures et draperies.

261 — Glace à trois faces, dans un cadre en bois sculpté et doré.

262 — Glace-chevalet, dans un cadre en bois sculpté, peint et doré, à fleurs et rocailles.

263 — Glace, dans un cadre en bois sculpté et doré, avec fronton et attributs de l'Amour. xviiie siècle.

264 — Glace, dans un cadre en bois sculpté, peint et doré, à décor de feuillages, rinceaux, vases et fleurs. xviiie siècle.

265 — Grande glace, dans un cadre doré.

266 — Plateau ovale avec fond en marqueterie, présentant un vase de fleurs.

267 — Deux petits bouts-de-pied en bois sculpté et laqué, recouverts de soie à grosses fleurs.

268 — Coffre, garni de soie brochée à fleurs.

269 — Petit paravent à trois feuilles garnies de soie lamée d'argent et d'or, à branchages fleuris sur fond crème.

270 — Encoignure en marqueterie à damiers; dessus de marbre.

271 — Table à jeux en marqueterie à fleurs.

272 — Table-bouillotte en acajou et filets de cuivre ; elle
contient deux tiroirs. Commencement du xixe siècle.

273 — Secrétaire à abattant, portes et tiroirs, en marqueterie de bois de rose et bois de violette ; dessus de
marbre gris. xviiie siècle.

274 — Etagère double en bois sculpté et doré, à panaches
et draperies. Style Louis XVI.

275 — Fauteuil de bureau canné en bois sculpté, à fleurs
et branchages. Il est accompagné d'un coussin de
soie verte. Style Louis XV.

276 — Table de bridge en acajou et marqueterie.

277 — Deux escabeaux en chêne. Travail italien.

278 — Petite table-vitrine en acajou et filets de cuivre.

278 *bis* — Vitrine en marqueterie à fleurs ; le corps infé-
rieur à trois tiroirs. Travail hollandais.

278 *ter* — Onglier en ivoire.

278 *quater* — Petite table-étagère, marqueterie en damiers
avec galerie et incrustations de cuivre.

CHALES, ÉTOFFES
FOURRURES

279 —· Costume roumain lamé d'or et d'argent.

280 — Châle des Indes, à décor de grenades sur fond jaune.

281 — Châle des Indes, à décor de lambrequins, rosaces et palmettes.

282 — Tapis en crêpe rouge brodé à fleurs crème. Travail chinois.

283 — Tapis en crêpe jaune brodé à fleurs. Travail chinois.

284 — Châle en crêpe brodé à fleurs et franges. Travail chinois.

285 — Panneau en longueur en soie crème brodée à sujet de fleurs, d'oiseaux et de branchages. Travail chinois.

286 — Tapis persan, à motifs en métal argenté sur fond bleu ; bordure rouge et jaune à palmettes.

287 — Quatre paires de rideaux en damas jaune broché.

288 — Descente de lit, peau de lionne.

289 — Deux peaux d'ours noirs.

290 à 292 — Dix-sept peaux de chèvres du Thibet.

293 — Une couverture du Thibet.

ESTAMPES

CHINOISES ET JAPONAISES

294 à 3oo — Lot d'estampes chinoises et japonaises.

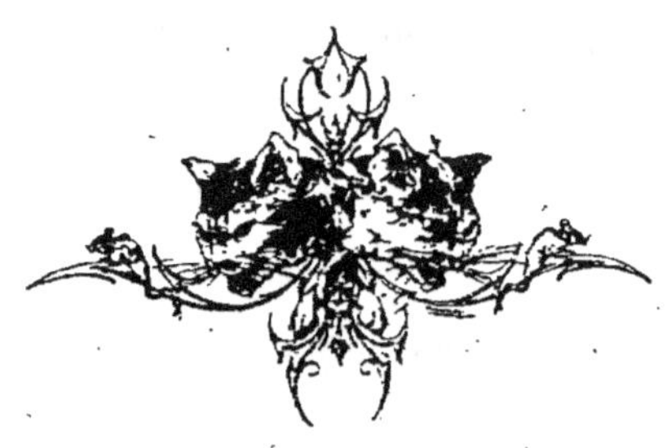

www.ingramcontent.com/pod-product-compliance
Lightning Source LLC
LaVergne TN
LVHW010454060726
842527LV00005B/1808